Au milieu des bois

ADSO

Au milieu des bois

© 2014 Sandrine Adso
Edition : BoD - Books on Demand
12/14 rond-point des Champs Elysées
75008 Paris
Imprimé par BoD – Books on Demand, Norderstedt, Allemagne
ISBN : 9782322036844
Dépôt légal : juin 2014

Etre artiste

Etre artiste, c'est ne pas compter, c'est croître comme l'arbre qui ne presse pas sa sève, qui résiste, confiant, aux grands vents du printemps, sans craindre que l'été puisse ne pas venir. L'été vient.

L'eau du lac

Elle vole parmi le vent
Et défie le temps.

Horloge sylvestre, irréelle
Partout le temps t'appelle.

Mais tu sais bien que le lac
N'attends personne
Mais tu sais bien que le lac m'emprisonne,

L'eau du lac c'est un chemin qui longe les sentiers secrets
Et laisse en toute simplicité les amants s'embrasser.

L'eau coule, glisse, flotte
On peut la sentir, en sortant des grottes,
On ne peut que l'aimer
Car le chemin qu'elle trace
Glisse vers la lumière…

Et laisse les hommes en prières
Et les litanies volent parmi le vent
Des mots, des chants d'aujourd'hui et d'hier
C'est le lac des amants.

L'eau du lac existe depuis fort temps,

Depuis que le silence c'est fait.
Maintenant elle parle aux oiseaux,
Et ses reflets sont toujours beaux.

Le temps qui passe
N'a de nos pas, nulle trace
Car l'eau du lac
Ignore l'injure du temps, bien que sur le lac.

Simplement, il vole
Et c'est en oiseau de farandoles,
Que tu peux l'écouter :
Tous les oiseaux viennent danser et siffler

Sur les eaux du lac profond.
Tout autour les arbres se penchent
Avec tendresse, pour horizon
Les arbres leurs soifs épanchent.

Et l'eau se laisse boire
Se laisse aussi faire miroir.
Il y a aussi des fleurs
Qui ont la couleur du bonheur
Invisible, sur les eaux.

Le chemin est doux, frais

L'eau du lac est toujours épargné,
Aucun homme n'y sait baigné
Aucune femme n'y sait lavée.

Juste les amants s'enlasser,
Les oiseaux chanter
Et les fleurs pousser
Tant de beauté :

Autour du lac cet été.

La porte bleue

D'abord, il faut traverser un jardin,
Ensuite tendre en avant ses deux mains,
Pour écarter la petite forêt,
Et se sentir prêt à défier …

L'inconnu.
Nul besoin d'être nu,
Juste besoin d'un sourire
Pour espérer découvrir :

Ce qu'il y a
Derrière la porte.
Fais quelque pas
Et la douleur sera morte.

La porte bleue, elle t'attend,
Depuis longtemps.

D'abord, il faut la regarder,
Sentir les mains qui s'y sont posées
Auparavant
Avant le vent.

Avant lui.
Il y a laissé sa vie,

Et à présent,
Il t'en offre le temps.

Alors n'aies plus peur
Et sens battre ton coeur…,
Oui tu vas l'ouvrir
De ton sourire.

Et comme une fusion ancestrale
Ton regard chassera le mal,
Et la porte ouverte,
Te sera découverte.

Avance d'un pas,
Il n'y a que toi
Regarde bien,
Ici, ton coeur a du chagrin.

Il était là
Derrière la porte bleue,
Maintenant, cherche dans la maison là,
Et tu es sûre de croiser ses yeux amoureux.

Cette maison porte un nom
Porte du bleu comme sa porte,
Un espoir infini de ton prénom,

Ici seul l'espoir te porte.

Et il n'y a plus de vertiges,
Il n'y a plus de violence,
Juste une préférence,
Celle du Bien et de son prestige.

La porte bleue
Ressemble à ton âme,

Toi

Je voudrais être cette terre sur laquelle tu soupires
Pour recueillir ta respiration dans un brasier d'avenir.
Je voudrais être cette terre sur laquelle tu transpires
Pour y recueillir éternellement l'éclat de tes sourires.

Comme un souffle qui te porte à mes reins,
Je m'étends et respire tes doux parfums.
Comme une lumière fluide venant de toi ;
Je me gorge de tes aspirations par mes émois.

Comme un corps qui se scinde au tien,
Dans tes bras et dans ton coeur tu me détiens :
Comme un souvenir insatiable, inaltérable,
Le parfum flottant,
Sur tout l'océan,
D'un homme beau, silencieux, infatigable,
Dans l'amour.

La vie qui dure un jour,
La nuit où je t'attends,
Est la plus belle de mes vingt ans.

Je voudrais être ce ciel,
Pour à jamais t'être fidèle,
Et te donner ma joie d'être bleue,

Ou d'être constellée de tes yeux.

Je voudrais être ton corps pour aimer ton âme encore.
Sentir ce souffle qui vient de ton ventre,
Atteignant l'horizon, au rire du centre
De mon âme
Etre ta femme.

Sentir tes eaux monter dans ma joie
Et s'écouler dans l'univers de tes lois.
Je voudrais être la pierre couchée sous ton pas,
Pour te protéger et te diriger loin des fracas.
Je serai ce corps pour toi, terre, ciel et pierre.
Pour ton souffle, ta sueur, tes reins, ton univers.

Enfin ma terre a la couleur de ta lumière
Mon ciel n'a d'infini que ta chaumière
Où la pierre de ma vie crépite sous ton feu ;
Rien ne peut m'arracher à ce frisson majestueux
Que de sentir jour après jour le bonheur
D'avoir trouvé un maître de ma jouissance,
Que de sentir nuit après nuit
Les saisons s'étaler sur mon corps,
Et t'appeler des noms les plus épris.

Pour cette fleur qui te réclame encore

Je suis une fleur et une femme
Qui aime un souffle et une âme.

Je voudrais être ta fleur,
t'offrir mon bonheur
En échange de ton eau
Lumière, écume Ô, eau
Baume de mon jardin, de mon éveil.

Je voudrais être ton matin,
Pour sentir le geste de tes mains
Et m'y coucher vers l'aurore
Du sacre de ta bonté sans effort,
Demain, je le serai aussi
Demain, c'est toute nôtre vie.

Le regard

Dans ses yeux là, on peut écouter le soleil,
Plus clair et brillant que vermeil.

Se dessinent, des champs, des prairies
Car ce regard si bon sourit à la vie

Je me suis penchée pour cueillir un sanglot,
Diantre, ce regard n'avait pas d'eau.

Alors j'ai cherché d'autres regards,
Ceux dont on ne se séparent.

Et j'ai croisé la foule,
L'indifférence, la houle.

Alors, j'ai cherché plus loin
Et, toi tu m'as dit viens.

Alors je t'ai suivi des yeux,
Et j'ai découvert un autre feu.

Tu étais bleu, tu étais fou
Magicien des étoiles
Au doux frou frou
Je n'ai plus jamais eu mal.

J'ai senti ton coeur,
Dans ma main,
J'ai senti le bonheur
Dans ce matin.

Folie éclairée,
Je ne cessais de te regarder :

J'ai lu ton regard,
Et j'ai compris
Qu'il n'est jamais trop tard
Alors, je tai suivi.

Du regard
Du coeur
Toute l'histoire
D'un bonheur.

Les carnivores

A eux appartient la forêt,
Dans laquelle, ils ordonnent sans crier.
Leurs mots sont laids et ténébreux
Pourtant, tout est à eux.

En face, sourit le vent
Sans le savoir, dansent les enfants.

Et pourtant ils sont là,
Toujours aux aguets,
Parmi les lacs et les lilas.
Ce sont des carnivores,
Ils dévorent

Fruits sucrés,
Fruits salés
Ils n'ont pas de remords
Et tous les jours côtoient la mort.

Ils ont plusieurs visages,
Ils sont là, sur tous les rivages :
Ils attendent, scrutent, observent
Et sans scrupules ne divergent

De leurs choix :

Se nourrir de la beauté.

Des yeux bleus,
Ils ont violé l'océan
D'un sourire heureux,
Ils ont brisé les dents.

Du temps qui passait calme et serein,
Ils en ont fait une enclume.
Le poète, philosophe incertain
Ils guettent la plume.

Mais rien n'empêche l'envol
Ni la création, ni l'envie folle
De créer. Ce combat,
N'est pas.

Puisque toujours, le poète
Connaît et répéte
Les différents refuges, insolites
Que seule l'impunité habite.

Ils sont carnivores,
Mais ils sont seuls.
Ils vous dévorent,
S'ils le veulent,

Mais, rien n'effacera les mots écrits dans le vent.
Les premiers matins enfantés du printemps.

Oui mais pas avant

Je ne finirai pas ma vie
Avant d'avoir commencé la tienne.
Et j'attendrai le soleil à midi
Je préfère ta pluie à la mienne.

Une larme d'or
Glisse sur la pluie dehors,
Et c'est toi qui m'appelles,
Et c'est moi qui cherche tes ailes.

Tu es ma vie,
Tu es la pluie,
Tu es jour et midi
Soleil des océans infinis.

J'ai cherché tes rumeurs d'écume
Sur mon corps amoureux
Et je n'ai trouvé que le feu et la brume
D'un très vieux secret de lumière et de feu.

Les secrets s'enfouissent dans mes cheveux
Et c'est toi qui les ranimes en caressant tout le long, le bleu
Puis le rouge et le jaune et l'ocre et le violet
A chaque paysage, un horizon, et une infinité.

Qu'il soit rire ou simple joie
Tu as le sourire d'un roi,
Humble à moitié fou, vers le firmament
Tu as la fierté d'un mendiant.
Et tu le sais que pour toi, je suis :
Reine et or.
Je flotte comme Ophélie
Et il pleut encore.

Oui mais pas avant
D'être baptisée au nom des fleurs
Je ne commencerai pas ma vie sans
Les parfums du vent, cette senteur
Qui vient du bout du monde
Et que notre amour porte en secret
Vers notre terre fertile et féconde
Et ce sera l'éternité…

Parce que pour une première lumière
J'aurai murmuré ta prière.
Parce que le matin, le feu et la nuit
J'irai chercher ta vie, cachée à l'abri.

Dans une caverne de larmes et de peur
Et de toutes mes forces, je ranimerai ton coeur
Avant d'avoir commencé la tienne,

Tu vivras et tu jouiras sans peine :

Parce que Femme est plus forte que Mort,
Parce qu'amour est plus bleu que Ciel.
Et peut-être parce que c'est moi encore,
Et peut-être parce qu'une fois je suis belle.

Et qu'une fois les matins n'ont pas peur
Avec le soleil vient l'amour
Et ma main se pose sur ton coeur
Comme un oiseau du jour.

Je ne finirai pas ma vie
Avant d'avoir commencé la tienne.
Il y aura ce nouveau matin
Que j'irai chercher, ivre de vérité.

Et qu'importe tes douleurs passées,
Et qu'importe les injures du temps,
Il y a cette nouvelle éternité,
Il y a toi maintenant.
Oui mais pas avant,
De sentir ta bouche,
Et d'avoir attendu dans le grand vent
Ta main qui me touche.

Parce que nous connaîtrons nôtre premier matin
De soleil, de lumière, d'amour et de secrets.
Oui mais pas avant demain
Car il me faudra toute la nuit pour chasser

Crimes, meurtres et autres sorcelleries
Et je n'ai pas peur.

Mensonges, abandon, haine
Vous n'aurez pouvoir sur nous
Avant d'avoir fini la tienne.
Ma vie est gardée par deux ou trois fous.

Et me chuchotent tous nos secrets
Pour ne rien jamais oublier
Parce que demain, ce sera encore
Parce que demain tu m'aimes encore.

Animal fabuleux de mes nuits
Tu as su ranimer toutes les fleurs sauvages…
Matin de roses et de pluie,
Tu es venu jusqu'à mon rivage.

Et, ensemble nous avons connu la plage,
Dans l'eau nous nous coucherons
Pour nous aimer au bord des nuages.

Parce que nous serons

Toi et moi
Et moi et toi
Enlacés, enflammés.
Mon désir est plus fort et plus vrai.
Parce que ta bouche est un fruit
Que je croque sur l'arbre.
Parce que tes mains sont réunies
Pour enflammer le marbre…

Tu es ma bouche et mes mains,
Tu es mon arbre et mon fruit.
Je me pose dans tes rêves de satin
Et j'attends la venue de ta vie.

Je n'ai plus peur,
J'ai ta bouche
Je n'ai plus peur,
Tu me touches…

Oui mais pas avant

D'avoir gémi aux premières lueurs.

Oui mais pas avant,

D'avoir chuchoté oui à ton coeur.

Ashkelon

Dis de quelles couleurs sont ses yeux
A cette statue délivrée,
Quelle est sa terre de feu ?
Cette statue d'éternité ?

Qu'importe, je vis pour le magma, le feu, la braise et l'eau.
Car tu es vie, flamme et lumière
Le soleil à nouveau
T'a rappelé d'aimer la terre.

Je pense à toi
Et je te veux.
Je parle pour toi
Mes mots sont offerts à tes Lois.

Sage, j'écoute tes paroles
Tu es fort et sans idoles
Seule la mer,
Seule la pierre.

Et j'aspire à atteindre ton ciel
Et je rêve de couler le miel.
Tu es ce chagrin qui s'envole,
Tu es ces palpitations qui deviennent folles.

Tu es ces larmes qui glissent jusqu'à l'eau
C'est bon d'aimer, une vie, un oiseau.
Tu rerspires la joie
Et tu saisis la vie du Roi.

Le Roi de Jérusalem
Lui aussi, sait dire je t'aime
Mais dis, sens-tu que j'ai peur de toi ?
Mais dis, sens-tu que la nuit finit avec toi ?

Tu es le jour, tu es la clarté
Et ce que j'aime en vérité
Les rêves ont-ils le droit d'exister ?

Rêver ou rester carré dans le manteau rigide
J'ai choisi les fleurs de ton pays et les chevaux débridés
Mon rêve n'est plus étrange et même devient familier,
Et mes larmes deviennent sourires.

Sourires aux confins d'un amour qui ne prend fin.
Tout est commencement.
J'ai choisi chacune de tes mains
Car tu es cet enfant,
Que je respire,
Que je transpire.

Folie de m'envoler sur ton visage,
Poser mes yeux et l'éclairage
Du clair obscur de ce qu'Achem nous donne…
Je deviens femme et je n'ordonne
Que la nécessité de tes mains chaudes le matin,
Et dans le même matin
La merveille de ton sourire…
Ne me laisse jamais partir.

Tu es la forêt où mes pas te cherchent,
Tu es cette nuit furieuse et douce.
Tu es l'Homme, qui en moi femme cherche.
Je voudrais me perdre aux lueurs rousses.

Des braises qui pétillent d'amour
Et répond à mon sourire de ce premier jour
Où déjà je chantais à ta mémoire ;
Et toutes ces histoires.

De ta vie
Et de ma vie,
Nous sommes seuls sur la mer
Nous volons aux confins de l'air.

Nous dansons au rythme des étoiles
Nous chantons pour ce ciel, accordé

Par la grâce de Dieu, chaque étoile
Résume le pas premier

De l'enfant,
De l'enfant.
Je peux te donner ça,
Et des poésies au-delà.

De tes craintes, mais tu es fort Booz
De tes terreurs, mais tu vis Booz
Et tu sais, la vie peut tout te donner,
Oui, même l'éternité…

Il suffit que tu entres dans la mer
Commes tu entres en moi.
Je veux, je suis un être de prières
Comme une perle entre tes doigts.

Et le chacal dévorerat-il l'agneau ?

D. qui t'a donné l'amour
N'accepte en ce jour
Que de boire à la source de l'eau.

Nulle haine, nul sang
Car si tu me mens

Rien ne te sera pardonné,
Et la lune bleue aura vingt ans.

J'aime la vie

J'aime la vie, parce qu'elle m'a donné
Le soleil,
J'aime le soleil, parce qu'il m'a donné
L'éclat du ciel.

Chaud, il fait chaud dans ta vie.
Vie, vie, vivre même la nuit,
Et ce temps qui galope vite,
Chaud, il fait chaud dans tes bras,
Toi, donne-moi l'amour et le gîte,
Elevons au ciel, chacune de nos lois.

Sur un parchemin bleu,
En un instant, une éternité ;
Puis, mettons-le au feu,
Parce qu'un instant, tu m'aimerais.

Le feu, l'éternité, le bleu,
Les lois, le gîte, l'amour
Les bras, le temps, la nuit, donc les cieux,
La vie, le chaud, le ciel, donc le jour,
Et alors, après le jour vient la nuit.
Puis après la Haine, vient l'amour.

Et alors, après la mort, vient la vie.

Oui, j'ai déjà dit non,
Une fois, et j'avais raison.
Non, il n'a jamais dit pardon
Il n'avait dit que mon nom.

Mais, quelle importance ?
Il y aura toujours elle.
Pour t'aimer cette chance,
Pour t'aimer dans la ruelle.

Et toi, qui marches seul,
Donne-moi ta main.
Car, moi aussi je suis seule.
Car, moi aussi j'ai une main,
Mais, sais-tu ?
J'ai aussi des yeux et une âme,
Mais, sais-tu ?
Que je suis aussi une femme…

J'ai tant aimé, dormir dans tes bras
Je n'écoutais que ta voix, c'est toi.
Etait-ce un chant ?
Ce n'était que tes larmes.

Alors, viens, viens petit enfant
Rassemble tes larmes.

L'amour de mon amour

Je t'attends derrière l'espoir
A l'encontre du noir.
Et il y a de la lumière, je l'ai vu dans mes songes qu'il visite
Il y pose du bleu, du feu de la joie, une vie, un rite.

Je t'attends et je t'ai connu plusieurs fois,
Toujours… ces baisers qui enlacent le coquillage
Je t'attendrai et je te connais plusieurs fois :
Tu es partout dans les murs bleus sur les visages.

Le feu n'existe plus, c'est toi
La mort n'existe pas
C'est moi,
Qui prends ta main et t'emmène sur la plage des rois…

Là où jadis David a marché, et peut-être couru
Un jour peut-être de nues en nues, je serai nue.
Contre ton oiseau blotti dans cette lune
Que tes bras tendent au sommet de mes dunes.

Et tu me diras c'est quoi l'amour
Une fleur, un matin, une vie, un baiser
Juste un jour
Alors je répondrai que je t'ai toujours aimé.

Et nous savons tous deux, le bonheur de nos bouches
Et nous savons tous deux qu'elle attends la couche,
De notre union. J'ai peur des futures merveilles.

L'amour de mon amour
Chante au diapason d'un nouveau rêve
La musique bleue du jour
Rêve en accord avec mon rêve.

Je te livre mes songes
Que tu pénètres tel un roi
Je t'aime, je t'aime et aucun songe
Ne te le dira.

Même si tu pénètres par les portes du Nerval
Ce continent de corne et d'ivoire
Sont les portes du délice et de la Force vitale,
Savoir se battre, même dans le noir.

Apprendre à se protéger
Lui, le Dieu vivant, ce géant :
Ce désir, cette Force d'amour, ce vent
Et j'irai te chercher, te trouver, te garder.

Souvenir ou réalité, tu ne mourras pas
Car tu es plus fort que l'espoir.

Tu n'as peur de rien : apprends-moi,
Tu n'as peur de rien : protège-moi.
Tu n'as peur de rien, donne la vie.
La vie, la vie et les soleils des étoiles
Tu es l'enfant de la forêt du Nerval
Toutes d'ivoire.

Ta maison a une porte transparente
Tes yeux sont le miracle de la lumière
Laisse-moi venir y allumer ma flamme.

J'aime ta folie, j'aime tes yeux qui sourient
En fermant les yeux.
Tu brilles d'une sensation qui se fait sensibilité
Tu es sensuel de ton esprit.

Tu m'apprends le rêve
Tu m'apprends qu'il y a le mal
Mais tu ne m'expliques pas pourquoi… Est-ce une trêve ?
Ou une autre Nerval ?

Laisse-moi chanter dans tes bras
Et pleurer quand tu t'en vas
Mais surtout reviens
Car, sans toi c'est le vent.

Ou alors si tu veux,
Emmène moi voyager sur ses ailes
J'irai au bout du feu pour toi.

Parce que le monde est dans ta main
Je te donnerai mes secrets, mes lois
Parce que tes yeux parlent de fusain.

Le feu qui nous unit ne craint pas l'eau
L'eau qui nous berce a choisi les fleurs
Une à une, cherche la paix, le repos
Protège le prochain bonheur.

L'amour de mon amour,
Je ne suis qu'une femme
L'amour de mon amour
Rassure mon âme.

Mon corps s'ouvre à ta voix
Voleur des mille et un diamants
Et toutes les nuits ont des portes, en y entrant
J'ai choisi de jeter toutes les clés, pour être encore une fois,

Libre, libre et heureuse
L'amour de mon amour

Viens, maintenant il fait jour
Libre et libre, oui j'ai couru fugueuse.

Pour me cacher en toi
Au beau milieu de tes bras
Encore sentir tes mains sur mes cheveux
Et ton souffle coupé de baisers langoureux.

Je te donne mon cou, et quelques vallées
Surtout mon âme et beaucoup de mes secrets
Je n'attends rien en retour, juste ton sourire
… Et tes baisers, avant de partir.

Donne-moi toutes les promesses que tu tiens dans ton anneau,
Chevalier du matin, de la nuit, des nefs des rois et des bateaux.
Ton amour traverse les siècles éternels.
L'amour de mon amour c'est elle : comme moi, fidèle.

Il y aura toujours cet océan ; ces fougues et ce vent
Ce feu pris capturé, d'où la douleur est éteinte
La peur du doute…

Le plus beau livre

Pour commencer à le lire, il n'a pas de nom.
Juste il porte à chaque page ton prénom,
Comme un refrain, une mélopée
Qui court au fil de ta beauté.

Ses lettres n'ont pas de couleur,
Tout résonne en son coeur,
Et au début on lit que l'Amour…, est le commencement
Et à la fin, la page est suivie par le temps.

C'est un livre qui ne s'achève jamais,
Et les pages volent dans le feu
Et le feu vole dans tes yeux,
C'est un livre qui ne s'achève jamais.

Et pourtant, il est pour toi
Le Livre écrit le fil des Lois
Que la douceur enseigne après chaque souffrance,
Ce livre sera une colombe de récompense.

Disparaître les guerres
Mourir les fausses prières
Chanter les louanges
Se fortifier des anges.

Le plus beau livre est pour toi,
Mon amour infini.
Le plus beau livre sera là
Les mots d'une vie.

Y danseront, comme l'eau des fontaines
Parce que as choisi d'écouter les chimères,
Le vent, la lumière étendue sur la plaine.
Premier baiser dans le livre d'hier.

Le plus beau livre me donne tous les baisers
Que l'espoir saura porter
Ecoute, lit et chante les mots
Au fil de tes yeux enfin, sera le drapeau
De cette terre inconnue
De ce livre et des mains nues,
Qui l'écrivent, comme un rêve
Ecoute, chante et ceux d'Eclève,

Reviendront

Et où que tu sois,
Un jour tu liras.
Juste, je veux être là
Pour voir tes yeux briller d'un éclat

De feu et d'eau.
Licorne et folie
Rejoins l'espoir de ce cadeau
Amour éternel, infini.

Tu berces mes troubles,
Et sur cette vague folle
Danseront les doubles
Dauphins et farandoles.

Le plus beau livre c'est la mémoire
Qu'offre mon coeur à ton souvenir,
Laisse-moi atteindre le nouvel espoir
Du livre qui ne fait ni pleurer, ni rire.

Je veux que tu y lises ma bouche,
Je veux que les portes s'ouvrent.
Je veux que tu t'approches et que tu touches,
Cette première nuit que l'on découvre
Sera couverte de fleurs,
Bleus surtout, et les couleurs
Deviendront,
Reviendront.

Le plus beau des livres pardonne
Et cache en ces marges toutes licornes.

Ainsi, où que tu sois,
je serai là.

Parce ce qu'à midi, j'ai entendu tes pas
Parce que ce soir, tu seras dans mes bras,
Ensemble nous irons chercher douceur et vérité.
Et tu trouveras mon regard et mon secret.

Parce qu'une fois, j'ai vu ta lumière
Ange ou Homme
Dieu permet la lumière
Mur des Hommes.

Nuit d'argent et de silence
J'espère écrire cette romance
Où tu liras tes reflets d'or
Et …, tu chantes encore …

Alors, Pourquoi tu n'es pas là?
Que deviennent les mots
Si tu ne les lis pas?
Qui portera le drapeau?

Et les couleurs de mes rêves
Et les couleurs de mes espoirs.
Je t'envoie cette trève

Où le long des rivages et des berges,

Je choisirai le livre de ma vie
Mais il me faudra tes mains
Pour tourner les pages chaque matin
Où j'irai bercer et calmer douce folie.
Il me faudra tes yeux,
Pour espérer le feu
Qui brûlera tous les mensonges
Et petite, petite étoile deviendra songe.

Mais tu sais un songe qui n'a jamais existé
Sauf dans le plus beau des livres.
Non, il n'y aura pas de clés
Debout, sage et ivre.

Le livre deviendra ton ambroisie
Où divine nous embraserons la vie,
Elle tournera, tournera
Sans raison, sans loi.

Seule la liberté
Des mots que je te dirai
Ce livre est pour toi :
Mes nuits sont bien là.

Dans le froid, je t'offre le diamant
Qui ne se perd jamais
Ce livre qui sera envolé
Aux espaces infinis
Aux désirs inouîs,
Pour toi
En mémoire de toi.

Et toute ma douceur sera ce livre
Et tous mes rêves seront ce livre.
Je vole au fil des pages
Je rêve dans un nuage.

D'encre de sel et de poison
Pour mourir d'amour
D'ancre de feu et de chanson
Pour renaître d'amour.

Juste, laisse-moi te donner les mots
Un par un …

L'amour qui revient

C'est le matin, c'est le soir
C'est la nuit, c'est le jour.
Les fleurs dans nos miroirs,
Portent le nom d'amour.

Calme et sereine, je m'avance dans tes bras,
Et je sens ton souffle… de vie.

L'amour qui revient,
A pris la clé de diamant,
Pour ce premier baiser
Qui revient dans notre été.

Et tu es là,
Je ne suis que tes bras
Et à nouveau le feu,
Quand tu regardes mes yeux.

Je vois des vagues d'océan,
Je vois des éclairs d'argent,
Des orages et des continents,
Des lacs et des arbres blancs.

L'amour qui revient,
C'est d'abord toi.

L'amour qui revient,
N'a qu'une seule Loi :

Aimer... aimer
Toi et le temps
Et si tu m'apprenais
A danser dans le vent ?

Je te rejoins ...
Au firmament de mon coeur,
Etoile du matin,
Ta bouche es tune lueur.

Tes mains sont des roses,
Je n'attends que ton bonheur
Laisse-moi franchir et ose,
Attendre les premières couleurs.

Dis-moi, seras-tu bleu?
Je ne vois que tes yeux.
La nuit sera or
Notre lit sera encore,

Demain, de l'éclat des albatros ;
Nous chantons ensemble aux portes de Dyonisos.
Le plaisir est cet instant sacré

Qui n'arrive qu'une fois par éternité,

Car sais-tu le doux baume de l'amour
Est l'alchimie splendide du jour,
Qui naît,
Qui renaît,

Alors, viens asseyons-nous au bord de l'eau
De tes yeux,
Les larmes du ruisseau
Seront chaudes comme le feu.

Pour réchauffer la Force
Pour éclaircir le Feu,
Tu seras arbre et écorce,
Tu seras, ce que tu es de mieux.

L'amour revient, l'amour revient,
Doucement, il nous prend par sa main
Et nous emmène fleurir au premier souffle
J'aime ta vie, fleurir au premier souffle.

La peur disparaît
Les félins de la mort quittent mon domaine
Revient et l'amour et l'éternité,

Pour toi, je me ferai reine.

Laisse-moi être ton matin et ta première eau,
L'amour a soigné le désir sec et cruel.
L'eau est revenue et chantée belle
Le sang a posé le froid et le chaud,

Il n'y a que ton odeur,
Et à chaque heure,
Tu choisis mes fleurs…
Et merveille chassera peur.

Par la lance du fidèle chevalier
Et ce sera l'été,
Toute la vie,
Une joie infinie.

Une union comme un rêve qui commence,
Une union comme un cadeau inaltéré
Une vérité, une prophétie de parchemins sacrés,
Un coquillage, où les mots dansent.

J'aime et ta vie, et le jour, et la nuit
J'aime et le feu et l'eau, et Ta vie
Et le jour et le feu de midi.

Tu seras mon rêve et mon désir,
Un cheval et ma promesse.
Tu es le soleil qui oublie de partir,
Et je te donne toutes mes caresses.

Je serai là

Prends ma main et chante avec la terre
Demain nous rendra plus proche de l'océan,
Couche-toi sur ma prière,
Aujourd'hui c'est notre temps.

La symphonie du nouveau monde,
La balade des fleurs,
La rivière qui chante la ronde
Nous emmène de très bonne heure,

Vers le matin qui n'est que à toi
Et à moi,
Nous dormirons
Et nous nous aimerons.

Sûrement,
Longtemps,
Parce que la terre propose
Des oiseaux et des roses,

Alors, je dirai oui
Peut-être, même merci.
Ecoute mon coeur, cette terre
Ecoute les fleurs, et voit la clairière ;

Ne laisse pas le désenchantement
Gagner,
Avance vers le vent,
Qui guérit tous les passés.

Parce que le chant de la terre
A atteint mes lèvres,
Le baiser sera fièvre
Nos lèvres seront lumière.

Et je t'en prie,
Laisse-moi chanter avec la terre
Impassibles fleuves de la vie,
Laisse-moi chanter avec la terre.

Pour chanter mon amour…

Contre la solitude

Comme un cri dans la nuit,
Je dis oui :
Entre, la porte est ouverte.
Parce que tu es ma découverte.

Comme un cri dans la nuit
Tu me redonnes envie,
De vivre et de donner
Sans compter.

L'angoisse peut bien débarquer
Je la connais et la reconnais :
Elle est violente,
Mais perdante…

Oui perdante,
Car nombreux la chante,
Et ce chant perce la nuit
Et éloigne les cris.

C'est comme une fenêtre qui ne veut pas se fermer
Et qui reste ouverte toute la nuit
C'est comme un cri.
Mais bien vite, le ciel étoilé,

Te ranime à la vie,
C'est comme un cri.

Tu es l'oiseau blanc,
Tu es l'humain,
Tu es l'enfant,
Tu es le matin.

L'angoisse n'y peut rien,
Il existe des beautés éblouissantes
Auxquelles l'angoisse reste loin,
Et près de l'homme, elles chantent.

Te disent que la nuit
C'est comme un cri
De joie, de voir l'astre blanc
De sentir le pas et l'élan
De la licorne de minuit,
C'est comme un cri.

Les ténèbres n'ont rien à gagner,
C'est comme un cri éloigné.
Dans ce duel
Du bien et du mal
Qu'elle est belle !
Cette chimère aux yeux pâles.

Elle promet,
Elle perpétue
Elle te fait chanter
Elle te mène au bout des nues.

J'ai découvert plusieurs soleils :
L'amour et le courage vermeil.
L'amitié et
L'humilité.

Et puis c'est vrai il y a l'horreur,
Elle n'atteint que la surface,
Au fond restent toutes les heures
Où la beauté a peint sa glace.

Que ce soient du bleu ou du gris,
C'est comme un cri.

J'entends la souffrance de mes amis,
C'est comme un cri.
J'attends et je construis ma vie,
C'est comme un cri.

Cri, libère-moi
Ou tais-toi.

Mais jamais tu ne pourras t'élever
Plus haut que les chants d'été,
Que les nuits inavouées,
Que les espoirs déclarés.

Je suis là, femme
Et je cultive mon âme,
Loin des champs de la peur.
Parce que je connais le bonheur.

C'est comme un cri
En plein midi,
En plein soleil
Qui vient te raconter ses merveilles.

Et là, dans la nuit où je t'attends
C'est comme un cri qui descend
Sous les ponts
Comme les avions,

Il voyage,
Tous les paysages
Où tu es
C'est comme un cri de vérité.

Je t'attendais

Je t'attendais le premier matin,
Où tu es venu pour me parler,
Me parler avec tes mains
Et tout bas me chuchoter

Que tu es comme un roi
Que tu es comme moi
Amoureux de la Vérité
Souvent maltraitée.

Peut-être pourrons-nous rendre la beauté éternelle ?
Si la vie nous semble belle !

Il peut faire des orages puissants,
Il peut y avoir des trombes de vent.
Les forêts resteront aux pieds des plaines
Combattons ensemble la haine.

Pour ne plus avoir peur
Inonde de douceur
Mon cœur
Et tu redécouvriras le bonheur.

La première fois

La première fois que tu m'as aimée,
J'ai pleuré et j'ai ri et j'ai prononcé

Le nom des étoiles,
Tu t'es fait mâle,
Et moi femme,
Dans la nuit, mon étoile.

J'ai souri à ta lumière
J'ai joui sous tes prières.
Tu m'as fait sentir,
Tant d'amour dans un simple rire.

Ton rire valait bien un sourire
Ta bouche a bien failli me faire mourir,
Mais la vie, s est faite plus vive
J'ai connu enfin la rive,

Revenue du naufrage,
J'étais si sage,
Mais les flots si cruels,
S'accalmirent sous ton appel

Et, je me suis faite sirène,
Et je me suis sentie pleine :

Toute première fois,
Toi,

Qui m'as montré la beauté,
Comme ton regard et ton désir,
Merci pour ces moments d'éternité
Désormais, j'oublierai de mourir,

Donne-moi,
Et recevoir, laisse-moi
Sans crainte
Apprends-moi les étreintes

D'un soleil, toi
Et de sa lumière : moi.

Toute ma vie, je garderai ton flot de tendresse
L'amour n'aura de cesse
Et les flots se rouvriront à nouveau
Il suffira de tes mots …

Il suffira que je te sente
Et toi, il suffira que tu oublies
Que certaines femmes mentent,
Je suis vérité, j'ai choisi

C'est ma Force, à moi
De t'être authentique,
Donne-moi, une fois
La force de parler sans risque.

Tu es mon nouveau et seul roi,
Tu m'as offert tes nuits, tes jours
Et j'ai partagé le parfum de tes lois
Boire à tes lèvres, remplace tous les discours.

Le voyage

Le voyage est le chemin
Vers ta main.

Ton voyage est le cadeau de tes mains
Tout le long de mes reins.

C'est un voyage de lumière
Dans la clarté de la prière

Fulgurant parcours
Le voyage est amour.

Nos yeux voyagent de toi à moi
Nos bouches se parlent dans la nuit d'éclat.

Et c'est cet éclat fulgurant
Qui portent au-delà le voyage du vent.

Les mots et les rêves s'envolent
Et le voyage nous fait qui vole, vole.

A la rencontre des oiseaux
A la rencontre du plus beau...
Paysage,
Voyage.

Tu cherches, tu me trouves
Je cherche et tu me trouves.

C'est un voyage à deux
Je t'offre mes yeux.

Tu m'offres ta bouche
Je te suggère ma couche.

Soleil des montagnes, tu vibres
Océan des promesses, tu crains
L'ouragan du matin
Amour en extase, tu vibres.

Comme la licorne, au clair de lune.
Voyage fabuleux, montons les dunes

Vers le voyage de la mer
Vers le voyage de la terre
Dans ce voyage, il y aura
Toi et moi.

Autour de nous
Inconnus

Toi et moi,
Voyage intime.

Pour toi

Je viens vers toi,
Le cœur qui bat.

Les mains tendues,
Presque nue.

Tu as fait de ma vie
Des millions de roses bleuies.

Tu es ce roi,
Que je n'attendais pas.
Je me plie à tes sacrements
Je respecte ton cœur d'enfant.

Tu es petit comme un chat
Et fort comme un roi.

Tu es celui vers qui je vais,
Confiante et libérée.

Je crois en tes yeux
Et tous les soirs
Je fais le vœu
D'illuminer le noir.

Je fais le vœu d'être à toi,
Que tu ne me trahisses pas.
Jamais …
Laisse-moi aller sur le sentier,

De la vie retrouvée.
J'ai attendu et je me suis endormie
A présent je renais
Dans ta vie.

Tu me réveilles
Avec le soleil.

Et je m'endors
Chaque fois en rêvant encore
De plus en plus fort
A ton âme d'or.

J'aime ta bouche, qui me parle
Et me fait vibrer.
Tu es le tabernacle,
Où repose l'éternité.

Tu es une fleur et un roc
Tu es ma nuit sans troc :
L'échange est parfait,

Tu me donnes et moi aussi
J'aime ta vie.

Je viens vers toi
Apeurée,
Comme on va devant un roi,
Emerveillée.

La rose

Rose du premier matin,
Ne regarde pas si loin.
Oui, le soleil est là
Oui, les étoiles sont là.

Et les oiseaux décorent toujours la lumière
Ta vie, que l'on dit éphémère
Laisse espérer un au-delà
Une petite chanson de ci de là.

Tu es bleu quand tu pleures
Et blanche quand tu ris.

Parce que le soleil

Parce que le soleil n'attend pas
Puisque la lune est rarement là ;
J'attends là assise, et je pense
Je pense qu'il faut mettre des panses.

Oh ! Regarde comme elles sont belles
Elles t'attirent à monter au ciel
Elles te disent le parfum du bleu
Elles chantent la profondeur de ses yeux.

Emmène-moi au bout du soleil
Emmène-moi au bout de la nuit
J'irai chercher le miel
Pour t'aimer la vie.

Elles, sont fidèles
Les étoiles
Et brillent par leur simple réel
Oui, elles vivent les étoiles.

Petit à petit, le cheval viendra
Chercher sa caresse
Petit à petit, l'oiseau chantera
Vénérer la princesse.

Le cheval et l'oiseau
Préserve la terre et le ciel.

Où que tu sois
L'amour est là
Plus fort que le soleil,
Merveille.

Plus pure que la lune ronde
Savoure chaque seconde.

Je profite du jour présent
Parce que le cheval et l'oiseau mangent dans ma main
Fulgurant, déchirant, alarmant
Où es-tu toi qui n'as jamais été mon amant.

Le défi
De toute une vie.
Pourquoi Achem nous a unis
Dans cet amour sans fin
Juste un baiser,
Et tu m'as aimée.

Que D. me donne la Force de t'aimer et te rendre heureux
Le feu, la nuit, les visages de fous
Chantent et dansent au sourire des malheureux

Moi aussi, je chanterai et danserai pour nous….

Parce que ton sourire efface les frontières
Parce que tes yeux sont sincères.

Dis-moi,
Laisse-moi te parler
Le langage de l'amour a lui aussi ses lois
Voler plus haut que la colombe bleutée.

Et regarder la terre comme un cadeau,
Parce qu'elle te porte.

Une prière, d'une femme

Bonjour au soleil, ce matin qui allume mes yeux
Bonjour à la nuit, ce soir qui ferme mes yeux

Pourtant de mes yeux tu ne connais pas la couleur
Mais, tu le sais de leur profondeur :
Une mer douce et calme s'y promène
Et certains disent alors à la bonne heure…

Je voudrai éteindre haine et peur
Et ne plus jamais prononcer ces mots
Je voudrai vivre amour et joie
Et poser dans l'incertitude ces bonheurs

A venir, je suis là, tu es là.
Combien de temps la douce licorne ira…
Chercher les chants des fées
Pour que la prière dure l'éternité.

Et regarde ces myriades d'oiseaux
Dont les seuls babils sont si beaux
Pour t'aider à les entendre
Je t'offre un cœur tendre…

A toi prière,
A toi Lumière

Et que les vents se déchainent
La prière brise toutes les chaines.

Alors regarde la beauté
Alors Un Seul Credo : Aime et travaille.
Prière se nourrit d'énergie
Prière préserve la vie
Aime et travaille.

L'Homme est Travail et Amour
Travail, depuis le péché
Amour car il est l'écrin de la vérité
Nous sommes les enfants de l'éternité.

Je te donne mon credo
Comme pour boire un verre d'eau
Plongée dans ce désert
Et sur les dunes, tu vas prière

Ne me quitte pas
Je veux garder la foi
Prière de mes jours, de mes nuits
Et la donner comme source de vie.

Reste auprès de moi
Douce licorne des bois

Et je suis déjà ton amie,
Merci.

Vole, vole, jusqu'aux étoiles
Pour chanter sur le chemin
Qui conduit, et t'écarte loin du mal.

Je t'aime lumière
Danse crinière
Le feu, ni l'eau ne t'atteignent
Le vent, le froid ne t'atteignent
Parce que tu es prière
Parce que tu es mage…
L'insolence de la vérité première,
Originelle, sage.

Elle s'appelle douceur,
Elle chante tendresse
Elle attend le bonheur
Elle aime tes caresses

Une prière, comme une femme.

Etre comme l'air

Je suis le feu, je suis le vent et je suis toi
Je suis l'air et je danse parfois
Pour atteindre les cimes.
Je pénètre les cieux, les abîmes,
Légers, transparents,
Infini, j'appelle la clémence
Je danse dans le ciel pour l'amour
Et attends les premiers rayons du jour.

Etre comme l'air
Savoir chanter toutes les prières
Pour n'en aimer qu'une,
Celle qui berce la lune.

Je suis la flamme,
Une simple femme,
Je suis le vent,
Je suis le temps…

Attends moi
Allongé au bord des étoiles
Et l'air nous mènera derrière le voile
Attends-moi

Et je viendrai sur les ailes

De ton oiseau préféré.
Parce que je serai celle
Qui voudra aussi s'envoler

A nous deux dans l'air
Nous tenterons de fuir cet hiver
Où le feu, le vent, la terre
Cherchent le matin de pierre.

Que l'air caresse
Doux tendre
Sans paresse,
Tu as tout à m'apprendre.

Je suis née dans l'air
Et j'apprends loin du vertige sombre
Il n'y aura plus de mystères
Juste, l'espoir d'un soin, d'une ombre

Qui chanterait comme on parle
Une femme, une âme
Qui parle,
Comme chante femme.

Alors j'irai
Au bord du monde

Et j'attendrai
Que tu viennes dans ma ronde.

Où les rubans s'envolent dans l'air
Où les couleurs glissent du ciel à la terre
Parce que dans le ciel
Naissent tous les arcs en ciel

Et celui que j'attends vole dans l'air
Il a deux refuges,
Les cieux et la terre
Mais il a choisi, seul sans juges….

De voler dans l'air
Et il l'a fait,
Et ses lumières dansent dans l'air
Et elles l'on fait.

Encore une fois, sans peur
Avec la confiance du cœur.
Alors, l'air s'est ouvert,
Comme un cœur en prière.

Le vent contre son armure

J'ai attendu trois siècles d'éternité
Avant de sentir ses mains de roi.
J'attendrai toute une autre éternité
Pour rejoindre son exil, au-delà
Des mensonges,
Il porte mes songes
Des cris et des larmes
Il porte haut les armes.

Oui, c'est un chevalier de feu et d'amour
Je suis le vent contre son armure.
Oui, il aime la lumière et le jour
Je suis le vent contre son armure.

Il y a ces grands vents et la poussière des chevaux au galop
Mais, regarde il y a aussi ces lacs et ces blancs ruisseaux
Et dans la chaleur et le vent tu vas fier au devant des dangers
Aucune peur ne traverse tes yeux, tu es sacré chevalier.

Chevalier de ton armure, je suis nue contre toi.
Armure de ton amour, j'irai où tu iras.
Même aux rives de la malédiction,
Et je briserai les sortilèges avec des chansons

La joie, le feu, le rire reviendront au même jour

Les sourires, la chaleur, l'enfance attendent devant ta porte
Laisse entrer les promesses faites toujours
Laisse entrer les poètes des rois et leur escorte.

Les mots retrouveront premier sens pour toi
Et la maternité des sens sera à nouveau fruit de la vie
Et si je te dis oui
Ce sera aussi pour que la vie retrouve tous ses éclats.

Dispersés aux quatre pôles de l'univers
La vie a explosé malgré les prières
Et je cherche et je chante le chemin
Parce que pour bien faire ce sera demain.

Demain, le vent contre ton armure
Pour te garder des envoûtements, je ferai parjure
Aux sorcières et aux élixirs trompeurs
Drapeau de la vérité c'est ton heure

Car, aujourd'hui, je suis le vent contre ton armure
Car aujourd'hui, je pleure et me chauffe à tes murmures.
Couchés à la belle étoile nous aimerons et la vie et la mort
Et tu me diras comme j'ai eu raison et tort
De me coucher nue sur ton armure.

Il y avait ce vent, ce feu et ce cheval
Prince et guerrier, chante, pleure et combat
Demain, il y aura ce vent, ce feu et ces étoiles,
Les mêmes étoiles que la première fois.

J'attends encore toute une éternité
Pour revenir dans tes bras.
Donne-moi Ta force et Ta vérité
Je suis juste là, et je te livre ma foi.

Il y aura l'amour et l'Amour
Toute une éternité d'amour
Et toi, cela suffit
Je te dirai encore oui.

Je suis le vent contre ton armure
Et je ne veux plus quitter ces murs
Où du palais de cette forêt, j'ai dormi contre toi
Je cherche encore cet instant là.

Le ciel tremblait devant tes yeux
Et j'ai pu écrire le plus long poème de ma vie,
Parce que je croyais dans le feu
Parce que je n'avais pas peur de la nuit.

Et j'aimais tellement tes mains

Je t'embrasserai jusqu'au matin
Parce que c'est Toi, et le vent et le feu
Moi je ne suis qu'un petit vent amoureux.

Amoureux, pleine d'amour
Lumineuse, pleine de lumière
Comme toutes les licornes en ce jour
J'irai au rythme de ton cheval, fier

Et la douceur de ma bouche t'envahira
Comme un désir de toi, de toi et de toi
Et la Force sera douceur
Parce qu'ensemble, nous coucherons le bonheur

Et couchés l'un en l'autre, la nuit nous portera
Aux portes du Graal,
Là, tu soigneras le Mal,
Et moi, je serai ton rêve, juste une fois….

Pourquoi le vent ?

D'abord j'ai longtemps cherché à te connaître
Et au fin fond des nuits tu commences à paraître …
Tu semblais libre et fou
J'étais heureuse à genoux.

Devant tant de lumière et d'existence
Devant tant de feu et de présence,
Mais…, Pourquoi le vent ?
Personne ne sait son rêve d'enfant

J'ai songé à dormir dans ses bras
J'ai songé à respirer tout près de toi,
Car tu portes la vie
Et depuis la première nuit.

Et le vent des furies
Portent jusqu'à mon cœur,
Les toutes premières fleurs
C'est la Force du vent, ainsi

Tu me dis : Reste et rejoins-moi
Alors je viens : les mains tendues,
Vers toi
La bouche nue.

Le baiser de feu
Le baiser à deux
Le voilier de tes yeux
Me conduit aux portes de Dieu.

Mais pourquoi le vent ?
Dis quel est ton serment,
Aux vastes fleurs
D'un premier bonheur.

L'amour d'un grand secret
Le secret d'un grand amour
Est le fruit de l'arbre éclaté
Par le vent, par le froid, par l'été.

Passent Vents et saisons
Toujours là.
Passent Vérité et raison
Toujours là.

La présence d'une nature infinie
Soulèvent les feux des voiles
Et la vérité pose le matin vers midi
Soulève dans tes yeux toutes les étoiles.

Oui, mais pourquoi le vent ?

Seras-tu là, dans ce temps
Fou furieux, violent et impatient ?
Là où vont rire les enfants

Sur quelle vallée, te coucheras-tu ?
Dans mon regard, t'endormiras-tu ?
Je te donne le sable et le temps
Mais pourquoi le vent ?

Ensemble nous vaincrons contre tous les sabliers
Seuls subsisteront les papillons
Comme la poudre d'éternité
Qui sur leurs ailes sont…

A la fois vie et magie
Devient…
Ta vie et ta magie
Devient…

L'ami du vent,
Non je n'ai pas peur
Libre et fou, un seul instant
Devient battre mon cœur.

Ta lumière ton existence
Me rattrapent et courent

Jusqu'aux plus profondes nuances
De la Folie superbe de l'amour.

Il est vrai que tu portes la vie
Et que ce soit jour ou nuit
Tu es plein de bleu
Oui, redis-le

Ta Force ce sont tes fleurs
Elles volent aux parfums de leurs couleurs
Et c'est ta main qui me les donne
Sur le vent qui carillonne

Tous les feux et toutes les couleurs…
J'aime le vent et ces terreurs

Car je suis tellement nue dans tes bras,
J'ai besoin de savoir, que demain sera là
Et nue, c'est pour toi
Et tes bras c'est pour moi.

Donne le feu…
Donne le vent
Le grand rêve, à deux
Tous les matins du temps.

Je porte les doux voyages
De ta nuit, de tes présages…
De nos jours, d'amour
De nos jours, du jour.

Vent, chasse la peur
L'affreuse peur, qui dévore
Vent, reviens à la bonne heure
Chassant le mal de l'or.

Mais qui me diras, où tu nous emmènes ?
Dans quelles contrées inconnues ?
Vers quelle liberté, hors chaînes ?
Et m'autoriseras-tu, à rester nue ?

Tu es l'ami du vent
Alors je n'ai plus peur
Tu es mon instant du temps
Alors je n'ai plus peur

Croire, croire …
Pour toutes nos étoiles
Pour nos regards
Pour ce vent de silence pâle.
Et à tous ces secrets
Je ne dirai jamais : qui tu es.

Table des matières.

L'eau du lac 7
La porte bleue 10
Toi.. 13
Le regard 16
Les carnivores... 18
Oui mais pas avant 21
Ashkelon.. 27
J'aime la vie 32
L'amour de mon amour 34
Le plus beau livre 39
L'amour qui revient.. 45
Je serai là... 50
Contre la solitude 52
Je t'attendais... 56
La première fois 57
Le voyage 60
Pour toi.. 63
La rose 66
Parce que le soleil 67
Une prière, d'une femme... 70
Etre comme l'air... 73
Le vent contre son armure 76
Pourquoi le vent ? 80